CATALOGUE

d'une belle collection

DE

TABLEAUX

OBJETS D'ART ET DE CURIOSITÉ,

Composant la collection de M. DE FORBIN JANSON.

SIMONET, EXPERT.

EXPOSITION PUBLIQUE

Les Dimanche 10 et Lundi 11 Juin.

PARIS

IMPRIMERIE ET LITHOGRAPHIE DE MAULDE ET RENOU,
Rue Bailleul, 9 et 11, près du Louvre.

1849

CATALOGUE

DE

TABLEAUX

dont plusieurs capitaux et de premier ordre.

DES ÉCOLES

d'Italie, d'Espagne, de France, de Hollande et de Flandre,

Bustes en bronze Florentin, Marbres, Terres cuites, Colonnes en granit oriental, Pendule enrichie de quarante Camées, Paravent en vieux laque du Japon, suite de Pierres gravées, antiques et modernes, Pierres fines montées en bagues,

Composant la Collection de M. DE FORBIN JANSON,

DONT LA VENTE AURA LIEU, PAR AUTORITÉ DE JUSTICE,

HOTEL DES VENTES,

RUE DES JEUNEURS, N. 42,

Grande Salle des Objets d'Art,

LE MARDI 12 JUIN 1849, ET LE LENDEMAIN S'IL Y A LIEU,

à une heure précise,

Par le ministère de M. **DUCROCQ**, Commissaire-Priseur, rue des Bons-Enfants, 20,

Assisté de M. **SIMONET**, Expert de la Compagnie des Commissaires-Priseurs, rue l'Évêque, 15,

Et de M. **BORMIOLI**, Peintre-Expert, rue Hauteville, 57.

EXPOSITION PUBLIQUE

Les Dimanche 10 et Lundi 11 Juin 1849, de midi à cinq heures.

PARIS.

IMPRIMERIE ET LITHOGRAPHIE DE MAULDE ET RENOU,
Rue Bailleul, 9 et 11, près du Louvre.

1849

OBSERVATIONS.

Une partie des Tableaux étant encore à Marseille au moment de mettre le catalogue sous presse, nous avons dû nous en rapporter, pour les attributions, aux notes qu'on nous a données. Nous rectifierons les erreurs, s'il y a lieu, lors de la vente.

ABRÉVIATIONS EMPLOYÉES DANS CE CATALOGUE.

B. Bois.   H. Hauteur.

C. Cuivre.   L. Largeur.

T. Toile.   Mèt. Mètre.

                 Cent. Centimètres.

CONDITIONS DE LA VENTE.

Les acquéreurs paieront cinq pour cent en sus des adjudications applicables aux frais.

DÉSIGNATION

DES TABLEAUX

Ecole Espagnole.

1 — MURILLO (Barthélemy-Esteban). L'Enfant-
Jésus apparaissant à Saint Antoine de Padoue, dans le désert.

Saint Antoine de Padoue est à genoux devant un rocher, sur lequel
est posé, tout ouvert, le livre pieux dont il nourrit sa médita-
tion. L'Enfant-Jésus vient de descendre du ciel, et lui apparaît ;
ses pieds reposent sur le livre ; une de ses petites mains est dans
celle du saint, dont les traits s'illuminent d'une joie séraphique à
la vue de cet enfant adoré ; les bras du saint s'ouvrent et n'osent tou-
cher le divin enfant, qu'il désire presser sur son cœur. Le contraste
de cette jeune tête blonde, éblouissante de fraîcheur, avec celle du
pieux cénobite, belle aussi de tout ce dont la foi et l'amour divin
resplendissent sur son visage, ne produit pas seulement cette ad-
miration passionnée qu'on éprouve pour les grands effets de l'art ;
l'âme se sent élevée dans un monde de religieuse pensée ; on com-
prend le bonheur des saints solitaires.

Les figures du saint et de l'Enfant-Jésus sont de grandeur naturelle ; dans le ciel flottent, à droite et à gauche, de légers nuages, d'où plusieurs groupes d'anges sont en contemplation.

Cette composition est une des plus capitales du sublime Murillo ; jamais les qualités qui le distinguent le plus particulièrement n'ont brillé d'un plus vif éclat. Les anges sont d'une fraîcheur d'exécution admirable ; le vague des fonds contribue puissamment à donner du relief et de l'éclat à la figure du Sauveur ; le saint est saisi d'un mouvement de reconnaissance et de félicité dont ses traits rendent vivement l'expression.

Ce tableau, qui ne parle pas moins à l'esprit qu'aux yeux, a été regardé par feu M. Henry, expert du Musée et le plus grand connaisseur de son temps, comme le tableau le plus parfait qu'il eût jamais vu de Murillo. Il est de fait qu'on ne peut le considérer sans qu'il fasse une impression aussi vive que profonde.

T. H. 2 mèt. 45 cent. L. 1 mèt. 65 cent.

2 — MURILLO (ESTEBAN). Portrait de la fille de Murillo.

Elle est représentée en sainte Vierge, au moment de son Ascension ; un voile de couleur tirant sur le brun s'harmonise merveilleusement avec sa belle chevelure noire ; une draperie de laine blanche indique, par son pli, le mouvement ascensionnel.

La figure est à mi-corps et de grandeur naturelle.

T. H. 60 cent. L. 48 cent.

3 — VELASQUEZ. Réunion de divers personnages

Ce tableau, connu en Espagne sous le nom de Conversation de Velasquez, présente treize personnages contemporains du peintre et les plus illustres dans les arts, parmi lesquels se trouvent :

Velasquez lui-même ; Murillo, son ami ; Herrera, grand poète et historien de cette époque.

Ce tableau appartenait à l'infant d'Espagne don Graviel, dont les armes sont au dos du tableau, et qui le légua, en mourant, à son amie la duchesse d'Albe.

B. H. 48 cent. L. 75 cent.

4 — JUAN DE JUANES. Saint François à genoux, reçoit l'Enfant-Jésus des mains de la Vierge.

T. H. 2 mèt. 30 cent. L. 1 mèt. 60 cent.

Ecole d'Italie.

5 — GUIDO RENI. Le martyre de saint Sébastien.

Le défenseur de l'église romaine, les mains attachées aux branches d'un arbre, et déjà percé de trois flèches, tourne avec confiance ses regards vers le ciel, et offre au Seigneur le sacrifice de ses souffrances et de son martyre.

Cette figure, peinte dans la proportion plus grande que nature, est d'un dessin étudié, d'un grand relief, et remplie d'expression.

Ce tableau, nous dit-on, a fait partie de la galerie d'Orléans, dans laquelle il est gravé.

T. H. 2 mèt. 30 cent. L. 1 mèt. 65 cent.

6 — GUIDO RENI. Une femme couronnée par un enfant.

Les uns ont cru que ce sujet était la Patience couronnée par l'Amour, d'autres un ange posant la couronne sur le front d'une Vierge destinée au martyre.

T. H. 48 cent. L. 68 cent.

7 — RODOLPHE GHIRLANDAJO. La Sainte-Famille.

La Vierge est représentée assise, et tenant l'Enfant-Jésus qu'elle regarde avec tendresse, tandis que le petit saint Jean considère avec une attention mêlée d'amour et de respect celui dont il doit un jour proclamer la charité et la glorieuse mission. Rodolphe Ghirlandajo était ami de Raphaël, comme lui élève du Pérugin, et dont les tableaux, vendus souvent en Italie, comme de la première manière de Raphaël, sont très recherchés.

Il ne faut pas confondre ce Rodolphe avec Dominique Ghirlandajo, son oncle, peintre très estimé de son temps, mais qui tenait encore de la raideur de l'école antérieure à Raphaël.

B. Forme ronde, 85 cent.

8 — ZAMPIERI, dit le DOMINIQUIN. Le Ravissement de saint Paul.

Ce tableau représente le moment où saint Paul, ravi en extase, est porté au ciel par les anges, et se voit au moment d'entrer dans la gloire du Très-Haut.

Ce tableau faisait partie de la galerie Lambruschini à Gênes. M. de Forbin Janson en a refusé à Londres et à Vienne un grand prix.

C. H. 50 cent. L. 37 cent.

9 — ALBANE. L'Annonciation.

La Vierge, agenouillée devant un prie-dieu, reçoit la visite de l'ange précurseur de la volonté divine. Il est porté sur des nuages, les mains jointes, et dans l'attitude du respect le plus profond. Le Tout-puissant paraît accompagné d'anges et de séraphins.

C. 60 cent. L. 45 cent.

10 — CARLO DOLCI. Ecce Homo.

L'Homme-Dieu est représenté en buste, un roseau à la main, et endurant avec une sublime résignation les souffrances que lui cause la couronne d'épines, que ses bourreaux lui ont posée sur la tête.

Ce tableau a toujours été regardé comme un des bons ouvrages de Carlo Dolci. Il faisait partie de la célèbre galerie de Ricciardi de Florence.

T. H. 59 cent. L. 75 cent.

11 — CARLO DOLCI. Le martyre de saint André.

Il est étendu perpendiculairement sur la croix, et paraît entouré d'un rayon lumineux. Ce tableau provient de la galerie Ricciardi de Florence.

C. H. 61 cent. L. 47 cent.

12 — GUERCHIN. La Charité romaine.

Au moment où la fille du prisonnier se présente, son père jette un regard inquiet, afin de s'assurer s'il peut tromper la vigilance de ses gardiens.

T. H. 82 cent. L. 1 mèt.

13 — CANALETTO. Vue intérieure de Venise.

T. H. 44 cent. L. 72 cent.

14 — CANALETTO. Autre vue intérieure de Venise. Pendant du précédent.

T. H. 44 cent. L. 72 cent.

15 — MAZZUOLI, dit le PARMESAN. La Circoncision.

Le vénérable pontife a passé un de ses bras autour du corps de l'Enfant-Jésus, sa mère est près de lui ; une angélique douceur n'efface pas entièrement sur son visage les alarmes maternelles de ce moment. Deux parentes ou amies de la sainte ont apporté les présents d'usage, de blanches colombes et des lapins. Les traits de l'une expriment la plus vive frayeur à la vue de l'instrument tranchant. Plusieurs autres personnages paraissent s'occuper du sujet qui se passe sous leurs yeux.

B. H. 44 cent. L. 32 cent.

16 — PIETRO DE CORTONA (genre de). Vénus et Adonis.

Ce tableau, dont les figures sont de grandeur naturelle, est depuis 150 ans dans la famille de son propriétaire actuel.

T. H. 1 mèt. 85 cent. L. 1 mèt. 35 cent.

17 — ANDREA del Sarto.

Portrait à mi-corps de Pierre Suderini, Gonfalonier de Florence ; il est vêtu d'une robe d'étoffe rouge et porte la toque, caractère distinctif du premier magistrat qui gouvernait la Toscane à cette époque.

B. H. 69 cent. L. 55 cent.

18 — BASSANO (Jacopo da Ponte, dit Il). Une foire sur une place publique d'Italie.

Ce beau tableau, composé d'une multitude de figures, très rendu dans toutes ses parties, est un de ceux que l'on comptera toujours parmi les productions capitales de l'auteur.

T. H. 2 mèt. L. 2 mèt. 75 cent.

19 — ANNIBAL CARRACHE. Saint Jérôme. Figure
à mi-corps.

B. H. 61 cent. L. 45 cent.

20 — SALVATOR ROSA. Enée débarquant à Car-
thage, reçu par Didon.

Toile.

21 — SALVATOR ROSA. Grand paysage. Vue
d'Italie.

Toile.

22 — SALVATOR ROSA. Grand paysage, avec
figures.

Toile.

23 — SALVATOR ROSA. Grand paysage. Vue
d'Italie.

Toile.

24 — SALVATOR ROSA. Paysage. Vue prise en
Italie.

Toile.

Ecoles Flamande et Hollandaise.

25 — PAUL POTTER. Les chiens de la princesse
d'Orange.

Dans un appartement très simple, ouvert sur un jardin, les
chiens de la princesse d'Orange, au nombre de huit, tous à peu

près de même taille, mais de race et de couleur différentes, se partagent en groupes divers et se livrent en liberté aux caprices de leurs instincts folâtres, ou à leurs goûts nonchalants. Deux d'entre eux se sont emparés d'une chaise de velours, observent avec le plus vif intérêt ce qui se passe autour d'eux, pendant qu'un petit lévrier, plein de grâce et d'agilité en provoque un autre à la course. Toutes les poses de ces jolis animaux sont pleines de naturel et d'expression; le modelé est si parfait, qu'il n'y a pas un nerf, un muscle qu'on ne croie sentir sous ces poils si fins et si bien soignés, sur lesquels se joue une lumière transparente et dorée.

Ce tableau a été peint par Paul Potter pour la princesse d'Orange, Henriette-Marie, fille de Charles Ier, roi d'Angleterre, et mère de Guillaume-le-Taciturne, qui fut depuis roi d'Angleterre. Il porte la signature de Paul Potter et la date de 1649, année où il exécuta le fameux tableau du Taureau d'Amsterdam et celui dit la Vache qui pisse, acheté en 1814 à l'impératrice Joséphine par l'empereur de Russie. (Note communiquée).

T. 1 mèt. 18 cent. L. 1 mèt. 50 cent.

26 — RUBENS (attribué à). Chasse aux taureaux sauvages.

Sept ou huit bédouins ou maures, les uns à pied, les autres à cheval, aidés d'une meute viennent d'atteindre un taureau sauvage qui se défend avec rage.

T. H. 1 mèt. 15 cent. L. 1 mèt. 55 cent.

27 — BRAUWER (attribué à). Paysage.

Des buveurs, au sortir du cabaret, forment des danses grotesques au milieu de la campagne.

B. H. 20 cent. L. 25.

Ecole Française.

28 — FRAGONARD. Le Sacrifice de la rose.

Une jeune fille entièrement nue brûle sur l'autel de l'Amour la rose qu'elle tient à la main. Un nuage voluptueux l'entoure à demi, une molle langueur est dans ses yeux.

Ce tableau est gravé.

T. H. 65 cent. L. 54 cent.

29 — CLAUDE GELÉE, dit LE LORRAIN. Paysage.

Dans une des contrées avoisinant le lac d'Albano, dont on aperçoit les eaux éclairées au déclin du soleil, le peintre a placé sur la droite un massif d'arbres ombrageant une urne sépulcrale et quelques fabriques; du côté opposé, sur le premier plan, des bergers et leurs compagnes se reposent sous l'abri tutélaire de grands arbres; des plantes, des gazons semés de fleurs et d'herbes, de puissantes végétations ornent le devant.

T. H. 1 mèt. 15 cent. L. 1 mèt. 45 cent.

30 — MIGNARD (d'après le Dominiquin). L'Enlèvement de Proserpine.

T. 1 mèt. 15 cent. L. 1 mèt. 40 cent.

31 — Même genre. Rémus et Romulus trouvés par des bergers.

32 — COYPEL (d'après). Acis et Galathée surprises par Polyphème.

33 — Même genre. Flore et Zéphyr.

Pendant du précédent.

D'après différents Maîtres.

98. **34** — Le triomphe de Galathée.

35 — Même genre. Sujet biblique.

—◆◆◆◆❖❖◆◆◆—

SCULPTURES.

COUSTOU.

36 — Buste de Turenne. Terre cuite, proportion de nature.

Il est le seul buste original que l'on connaisse de ce grand homme. Il provient de l'hôtel du duc de Bouillon.

37 — Buste d'Aristote en bronze florentin du XVIe siècle.

Draperie en marbre de Sicile.

38 — Buste de Sénèque en bronze florentin du XVIe siècle.

Même draperie. Tous les deux viennent du cabinet de feu Denon.

BOLOGNE (Jean de).

39 — Combat d'Hercule et d'Anthée. Terre cuite.

Modèle qu'il projetait d'exécuter en grand ; ouvrage admirable de ce grand maître.

OBJETS D'ART.

40 — Quatre colonnes en granit vert, monture en
bronze doré, plinthe en granit rose.

41 — Un paravent de vieux laque de Chine.

C'est un des plus parfaits de l'art des Chinois en cette partie ; il
vient du garde-meuble de la couronne. Il a été acheté après le
décès de celui à qui l'empereur Napoléon l'avait donné en
cadeau.

42 — Un cadre sculpté du plus beau travail, époque
de la renaissance, et richement doré.

PORTRAITS PAR PETITOT.

43 — Portraits de deux enfants de Louis XIV et
de Madame de La Vallière, le comte de
Vermandois et Mlle de Blois.

Bustes vus presque de face. Le comte de Vermandois porte une
veste brodée, fraise de dentelle, nœud de cravate et d'épaule en
soie bleue. Mlle de Blois a des pendants d'oreille en perle, une
robe tirant sur le jaune, une grande mèche de cheveux tombe sur
sa poitrine. Ces deux portraits jumeaux sont montés sur une ta-
batière Vachette, carré long, d'écaille, doublés d'or.

Ces deux portraits sont regardés comme l'un des ouvrages les
plus parfaits de Petitot.

Ils proviennent de la vente du comte Potoski.

44 — Portrait de Gaston d'Orléans, frère de Louis XIV, revêtu d'une cuirasse et d'une draperie bleue.

45 — Portrait de Monsieur, frère de Louis XIV, plus âgé que le précédent, portant fraise de dentelle.

Cette pièce est montée sur une boîte d'écaille doublée d'or, au milieu d'un médaillon de même métal.

PIERRES GRAVÉES.

46 — Tête de jeune femme.

Buste en ronde bosse sur sardoine onyx oriental, antique grec de la plus grande beauté et d'une parfaite conservation.

47 — Le mariage d'Hercule et d'Hébé.

Un grand camée antique sur albâtre oriental, à deux couches, monté sur un socle de porphyre avec lions dorés.

48 — Portrait de Bacchus jeune avec une guirlande de fleurs dans les cheveux.

Camée sur onyx oriental à trois couches de grande dimension, monté en médaillon. Chef-d'œuvre de Pistrucci et signé de lui.

49 — Jeune enfant en ronde bosse.

Ouvrage admirable du quinzième siècle; camée sur sardoine onyx oriental.

50 — Une grande pendule en bronze doré, ornée de quarante camées antiques.

Le sujet est l'homme entrant dans la vie comme un voyageur, et trouvant posés sur un autel les attributs de tout ce qui peut flatter ses désirs ou exciter son ambition : la lyre du poète, le glaive du guerrier, le caducée de la science, la palme des beaux-arts, la corne d'abondance, emblème de la richesse, une couronne. Sur l'urne, que surmonte une tête de vieillard représentant le Destin, est écrit le mot Destinée.

Quarante camées ornent cette pendule.

Le cercle du cadran est composé des douze signes du zodiaque sur agate, à deux couches, gravé et signé par Amatini.

51 — Camée sur agate onyx oriental; en haut, relief antique représentant l'empereur Galba.

Médaillon entouré d'un cercle d'or.

52. — Camée sur sardoine onyx oriental, représentant l'adoption d'un César par un empereur.

Cercle d'or.

53 — Camée sur sardoine oriental, représentant une marche d'enfant ou bacchanale.

Médaillon entouré d'un cercle d'or.

54 — Tête de Minerve.

Intaille sur agate orientale, par Pikler; grand sujet, bague tournante.

55 — Tête de Méduse.

Camée sur onyx oriental à deux couches, antique, monté en bague, or.

56 — Combat de guerriers.

Intaille sur sardoine onyx oriental, montée en bague.

57 — Tête d'empereur romain.

Camée sur agate orientale, monté en bague.

58 — Portrait.

Intaille sur saphir, montée en bague, or.

59 — Portrait de femme.

Intaille sur sardoine onyx oriental, montée en bague.

60 — Intaille sur cornaline orientale, montée en bague, or, avec deux émeraudes sur les côtés.

Ouvrage du seizième siècle.

61 — Tête de vieillard.

Intaille sur cornaline à deux couches, montée en bague, or.

62 — Rome armée.

Intaille sur cornaline, montée en bague, or.

63 — Figurine debout.

Intaille sur cornaline, montée en bague, or.

64 — Tête de Cérès de profil.

Sardoine onyx oriental à trois couches, bague camée, or.

65 — Un scarabée antique.

Grenat oriental, monté en bague, or.

66 — Priape.

Onyx oriental à trois couches, bague camée, or.

67 — Un ibis.

Camée sur cornaline, onyx antique, monté en bague, or.

68 — Nicolo.

Gravé, monté en bague.

69 — Tête de Jupiter.

Nicolo antique, monté en bague.

70 — Camée sur onyx oriental à plusieurs couches, monté en bague, or, très belle pièce.

71 — Anneau de chevalier, en fer, avec une tête de femme sur chaton d'argent, du seizième siècle.

72 — Tête de femme avec guirlande de fleurs sur les cheveux.

Intaille sur cornaline, montée en bague, or.

73 — Sous ce numéro seront vendus les objets omis.

8232 Imp. Maulde et Renou, r. Bailleul, 9 11.